SANDA

Kevin Chartron

SANDA

© 2025 Kevin Chartron

Edition : BoD · Books on Demand,

31 avenue Saint-Rémy, 57600 Forbach, bod@bod.fr

Impression : Libri Plureos GmbH, Friedensallee 273, 22763 Hamburg, Allemagne

ISBN : 978-2-3225-5320-4

Dépôt légal : avril 2025

Avant toute chose

En octobre 2023, je commençai ce livre, certain à l'avance de n'en être jamais satisfait. Il m'était impossible de penser le terminer ni de pouvoir y mettre une sorte de point final. Je savais déjà qu'il y manquerait toujours quelque chose, que les mots ne seraient pas les bons, que les phrases ne seraient pas assez belles, que les rimes tomberaient mal. Bref, avant de m'y atteler, je savais que ce livre ne serait pas à la hauteur de son sujet. Je savais que ce livre ne serait jamais conforme à l'idée que je me faisais de lui. Je savais que j'en ferais un autre après, dans l'espoir, sans doute chimérique, d'arriver à écrire l'exactitude de ce que je ressens et de ce que je vois. On sait pourtant qu'on n'y parvient jamais.

J'y passai plus d'une année. Le plus souvent, j'ecrivais en cachette, cherchant toujours, dans cette espèce de solitude et de silence, quoi dire, hésitant sur les thèmes, écartant des textes, n'en finissant pas certains, ne sachant pas choisir entre la narration, la prose ou le vers.

Au cours de l'été 2024, je perdis une partie des textes destinés à composer ce recueil. J'essayai tant bien que mal de les reconstituer de mémoire, mais, hormis quelques bribes et rimes qui me revinrent, je dus bien vite renoncer à cela. Ce fut une douleur dont je me guérissai un peu en me remettant, patiemment et toujours secrètement, à l'ouvrage.

Aujourd'hui, je ne sais guère si ce livre mérite d'exister pour autre chose que son intention. Mais on dit que c'est cela qui compte.

Victor Hugo, dans un élan de modestie et d'humilité dont il était coutumier, écrivait en exergue de son *Histoire d'un crime* : « Ce livre est plus qu'actuel ; il est urgent. Je le publie » Ainsi, il ne se faisait pas le commentateur de l'Histoire, mais son obligé. La force des choses qui allaient dans ce monde le poussait à agir.

Je ne suis pas Hugo, mais je le détourne sans hésitation : ce livre n'est pas urgent ; il est actuel.

Je le publie.

Pour Sanda.

Ce n'est pas toujours le pire que les hommes cachent.
FRANÇOIS MAURIAC

*Ma vie en vérité commence
Le jour où je t'ai rencontrée.*
ARAGON

I – Premier empire

C'est depuis toi que ma nuit change
Comme un ciel retrouvé clair
Le souffle nouveau donné à l'air
Et cela n'est pas égal aux anges

Je dois cette métamorphose
A tes yeux qui savent autre langue
Les pures lueurs qui y tanguent
Me parlent d'autre chose

Je n'ai depuis de mon temps
Que le loisir de dire que j'aime
L'éclat sans fond de ces gemmes
Et de dire que je t'aime tant

Et tellement que tout m'est compté
Je n'ai plus d'heure que ta vie
Oh sais-tu lorsque je te vis
Tout m'était déjà conté

C'est depuis toi qu'enfin je crois
Et ma croyance fait de mon cœur

L'autel où monte le choeur
De mon amour qui toujours croît

Il m'arrive parfois de chuchoter
A ton oreille le mot d'aimer
Et ce ne serait que blasphémer
Que ce bonheur nous fût ôté

Ta main dans ma main, mon cœur bat pour deux.
Sur mon âme, repose le tien
Et repose tes yeux ; mon amour détient
Le mot pour parler infiniment d'eux.

L'ombre sur nous appelle au rêve
Aux paupières closes sur des jardins d'Eden
La vie a de ces folies soudaines
Quand le jour avec toi s'achève.

Le sommeil nous vient ; je parle bas.
Il ne faut blesser les songes naissants.
Voilà voilà dans le soir baissant
Le cortège des anges qui s'abat.

La nuit pend ses étoiles au drap bleu
Avec toi s'endort le grand azur
Et l'éternité nous fait une embrasure
Par laquelle notre amour pleut.

Les atolls d'émeraude

Dans tes yeux, je fais la découverte
D'une mer où viennent se noyer les cieux
Et je plonge dans ces lacs délicieux
Où brillent de belles étoiles vertes

Tes paupières font une voile sur cet océan
Là voguent mes rêves qui s'évadent
J'aime contempler cette folle parade.
Tes yeux me font oublier le néant.

Oh, voici l'heure où la Lune s'attarde ;
Sur tes lagons vient son reflet d'or.
La mer est calme lorsque tu dors
Et douce quand tu me regardes.

Mets ta main là où mon cœur bat
Touche la meilleure de mes pensées
Celle de mon âme récompensée
Quand la tienne lui parle tout bas
Toi qui es ma vie recommencée

Sinon l'aimer je ne sais encore que dire
A ton regard dont j'ai fait ma foi
L'église et la prière tout à la fois
Que les étoiles jalousent au nadir
Mes nuits sont de ne penser qu'à toi

Mets ta main où tremble pour elle
Le moindre mot dit à t'attendre
Comme le vent sur l'herbe tendre
Et le bleu colibri battant des ailes
Mon calme frisson est de t'entendre

C'est là invisible et vraie que vibre
Comme le frêle verre au vent d'hiver
Et le vif aveu préservé au revers
La passion qui vit en équilibre
Dans tes yeux verts où volent mes vers

Marchons un peu au bord de la rivière, veux-tu ?
Dans ma main tes doigts disent un éternel secret.
Là, suis-moi, et passons sous la tonnelle
Qui nous est bonne arche ; et fais un vœu.

Oh, cela est enfantin de s'aimer à rire de la sorte.
C'est une jeunesse du cœur qui soudain nous revient.
Je t'aime depuis toujours. Est-ce que tu te souviens ?
Il m'a suffi de te voir pour que cela m'emporte.

Si tu me parles, j'écoute tes mots à cœur battant.
Promenons-nous sans nous inquiéter de l'heure
L'eau coule là au rythme de notre bonheur.
Donne-moi de tes baisers qui arrêtent le temps.

Je t'aime du premier jour. Le ciel était gris
                                      mais mon cœur non.
Aujourd'hui, le beau lé bleu nous fait une demeure.
Au loin, le dernier nuage qui doucement se meurt
Est le soupir d'un ange qui murmure ton prénom.

Il est toujours temps
A tes beaux yeux
De parler tant
Des vastes cieux

Miroirs fardés
De nuit retenue
Eclats chapardés
Aux profondes nues

Lacs, mers, puits
Sources infinies
D'amour et puis
De jour réunis

C'est là que sont
Toute ma vie et
La seule chanson
Qu'on puisse m'envier

Je préfère à toute chose
Conter qu'en mon âme survint
Ton monde geste souverain
Et quelle fut la métamorphose
Sur cette terre grand devin
Ne pouvait prédire telle rose

A quelque drame qu'on erre
A savoir si l'on existe
J'étais à ce tour de piste
Dont le chemin est un désert
Et donne couleur triste
Aux étoiles dans les airs

Vivre ainsi n'était pas vivre
Comme l'hiver n'est pas l'été
Et de cette ombre que j'ai été
C'est toi seule qui me délivres
Et par toi toujours répété
Existent aussi mes livres

II – Second empire

La profession de foi

Je suis l'écrivain d'un roman qui ne s'achèvera pas, dont l'éternité sera le témoin au regard posé sur notre tombe. Son seul thème dont rien ne l'en dissuade se nomme Sanda. Il se confond désormais et pour toujours avec ma vie. Il ne m'est d'existence que par son existence et son chemin est mon chemin. J'aime Sanda car c'est cela vivre, sans oser d'autre question que sa présence.

Elle que j'ai toujours cherchée, il me faut aussi dire que je l'ai toujours aimée. La rencontrer fit apparaître à mes yeux ce que je désirais et qui me manquait. Elle peuplait mes songes et mes espoirs, et son absence venait bien souvent me rappeler mon malheur. Le miracle fut qu'elle apparut quand je commençais de ne plus y croire. Je ne galèje pas ici en parlant d'un amour instantané qui saisit mon cœur à la première lueur que fut son regard porté sur moi. Elle ne quittera plus l'univers toujours plus vaste de mes sentiments.

Ce grand bonheur qu'est pour l'homme aimer est aussi son plus immense malheur. Il le voudrait sans fin, mais il sait pourtant que le temps forcera les adieux et que dans le couple l'un perdra l'autre. Cette terreur est pour moi à la mesure de mon amour, et rester sans Sanda quand la vie s'attardera en moi est une hantise que je ne peux vaincre. Mais je crains hélas aussi l'abandon que serait ma mort et qui ferait de ses jours des solitudes perpétuelles. La tombe nous réunira pourtant, et personne ne pourra blasphémer cela.

Avant la venue de ces jours tristes, il me faut dire ce qu'est cet amour. Il me semble, hélas, à sonder mon cœur, que je ne le pourrai jamais, faute de temps et de mots.

J'ai si longtemps guetté que tu apparaisses
Je croyais mon cœur plein d'un mirage
Moi qui voulais t'aimer jusqu'à plus d'âge
J'ai tant attendu pour cette caresse

Et enfin ton regard enfin tes yeux verts
Comme si le Soleil cédait la place
Et ce printemps qui transperçait l'espace
Suivait l'automne et non l'hiver

C'est ainsi que nous nous rencontrâmes
Pour t'avoir rêvée je t'aimais déjà tant
J'ai tant dit à mon cœur Attends attends
Elle viendra donner son âme à mon âme

Je compris tout de suite ce tourment
Qui faisait de toi ma femme
Je compris tout de suite cette flamme
Qui brille et brûle éternellement

Il est bon de marcher, d'aller aux bois,
D'aller où la nature ignore l'homme,
De connaître ces lieux qui sont comme
Des pays d'enfance qui seraient sans lois.

Nous y sommes abandonnés à nos pensées
Qui vont et viennent comme elles le veulent.
C'est, finalement, la liberté recommencée.
Voilà ce que c'est que d'être seul.

On croit ce qu'on veut dans le silence des fleurs,
Des bêtes, des ruisseaux, des arbres, des pierres,
On songe tranquille à ce qui nous fait de pleurs,
On a davantage de rêves que sous la paupière.

S'en aller marcher, c'est être au désert
Où l'homme retrouve l'homme en lui.
Il va parmi le silence et les airs
Et se rappelle comme l'étoile a lui,

Comme il espère, comme il croit,
Comme tout échappe à son cœur, à son âme,
Comme la vie est de porter sa croix,
Comme la vie est d'aimer le drame.

On marche, on pense. On est triste et heureux,
On semble ne rien faire, mais l'on voit
Ce qui dans notre cœur est douleureux
Et nous blesse quand on y songe parfois.

La vie est une belle chose malgré cela.
Il faut marcher, car la marche est
Comme un ailleurs, comme un au-delà
Qui fait oublier tout ce qui hait.

Je vais aux bois, aux rivières, aux champs,
Aux prairies ondulantes, aux monts nus,
A l'aube, à midi, au soleil couchant
Et je me rencontre, étrange inconnu.

Je vois en marchant comme le miroir ment,
Comme à se voir on s'ignore tout à fait.
L'image ne dit rien, ni joies ni tourments.
Elle ne sait rien de ce que l'on sait.

Bien des idées me vinrent en marchant,
Un personnage trahi, un trait pour rire,
Une petite rime pour tourner un chant.
Marcher est une manière de se nourrir.

Marcher est ce lieu tête nue aux nues,
Marcher est ce havre cheveux au vent
Aux songes inattendus et méconnus
Qui nous surprennent le plus souvent.

Toi qui toujours m'échappe et m'attends
Comme le temps comme la vie
Toi qu'aux anges j'ai ravie
Toi que je vois toi que j'entends

Je ne suis là qu'à te chercher
Le jour comme la nuit
C'est cela qui me conduit
A me lever à me coucher

Je te cherche je te trouve je te perds
Ma vie est ce drame
T'aimer me condamne
A sans cesse perdre mes repères

Ne lis pas ici de reproches
Ces lignes n'en sont aucun
Ces lignes ne sont qu'un
Moyen d'être plus proche

Partout où je suis tu es
Mais il me faut te voir
Je crains l'au revoir
Qui est tout ce que je hais

Paleu

Je suppose parfois en ma rêverie
Une demeure sous un soleil dur
A la saison où le jour dure
Et non loin de là une prairie

Ou un champ à perte de vue
Le village sur la colline
L'église que l'on devine
Et les cigognes imprévues

La nuit s'entend l'aboi
Des chiens aux aguets
Ils pleurent et s'égaient
Comme les loups aux bois

Aux environs sont hongrois
Les prières et les oriflammes
Dans les maisons les âmes
Redoutent le noroît

Aux heures chaudes on peut
Quand tout est sans bruit

Cueillir les bons fruits
Du prunier aux reflets bleus

On peut aussi paresser
Croire aux muettes choses
Sentir le pétale rose
De la vie nous caresser

Se taire savoir qu'on aime
Savoir que la vie est
Un songe inespéré
De Sanda et de poèmes

Vienne

La ville était un charmant labyrinthe
De boutiques encolorées de fêtes
Nous y marchions de l'amour plein la tête
Nous avions en nous une complainte
Qui réclamait le baiser et l'étreinte

Une ruine médiévale sortait de la brume
L'air était froid mais pourtant bon
La vie avait un goût de bonbon
Et dans le soir nous nous crûmes
Légers comme le vent et la plume

La Noël et l'An étaient pour bientôt
Nous rêvions cœurs fous et contents
Voilà ce qu'est de s'aimer longtemps
Sur le Rhône paressaient les bateaux
Et la nuit brillaient le temple et le château

Auprès de Sanda je marchais heureux
N'importe où ma vie avec elle
Mon amour d'ailleurs ma belle hirondelle
Qui fait du ciel gris le ciel bleu
Le printemps de mon cœur amoureux

Nous rentrions le soir au petit logis
Il nous suffit encore d'être ensemble
Nos deux âmes réunies ressemblent
Dans la nuit où l'on se réfugie
Au feu qui luit d'une bougie

Sighet

La ville était comme un souvenir abandonné
Que peuplaient des fantômes méprisés
Les ans savent faire cela : martyriser
Pour le temps d'avant le glas ne fait que sonner

C'est beau pourtant ; on sent tout le passé
Ce jadis invisible des écoles démolies
Dans le silence des chansons abolies
Des salles vétustes aux enseignes cassées

Sanda racontait. Ensemble nous allions
Dans les rues hésitantes de sa mémoire
Les années brisent tout comme un miroir
Elle pleure à Sighet ce que je pleure à Lyon

Là-bas, tout au fond, viens voir, c'est la gare
Où seule pense aux déportés encore la pierre
Les quais sont vides, les wagons ne sont pas d'hier
Et les fleurs entre les rails ont des airs hagards

Il faisait chaud à en rêver de l'hiver
Un musée, là une église qui n'est plus rien

On voit çà et là des écriteaux en ukrainien
On se croit d'un pays ; on est de son envers

On est de son ailleurs, on en forme le givre
Il est figé dans nos yeux, notre cœur le garde
On appelle du mentir tout ce que le temps farde
Et c'est blessure étoilée que de vouloir y vivre

C'est chez Sanda toute cette enfance défigurée
Ce qui n'est pas chez moi sera chez nous
Au-dessus de nous le ciel d'été noue
Un long ruban blanc qui vient nous le murmurer

Oradea, Oradea

Vous jureriez la demeure d'Hansel et Gretel.
Dans ces rues,
Les belles inconnues
Sont des bâtisses aux couleurs pastels.

Cela semble des châteaux faits en meringue
Ou en guimauve
Rose ou mauve
Ou jaune ou bleue. Rêve de moujingue.

Le marchand de glaces tend à des gamins
Ses cornets frais.
C'est tout près
De ces Kremlins de crème magyars et roumains.

Des écrivains hongrois autour d'une table
Pensent un peu.
Au fond, il se peut
Que tout cela ne soit qu'une fable.

La ville a ses costumes de parade.
C'est carnaval.

La joie ravale
Les murs à Oradea comme à Nagyvarad

Le roi Ferdinand, comme le grand roi Louis
Là-bas en France,
Contemple et pense
Sur la place à son royaume évanoui.

On entre dans le Palais de l'Aigle Noir
Comme à l'église.
Et là se lisent
Des vitraux plus hantés que des manoirs.

Piata Unirii, Musset, dans la nuit brune
De Transylvanie,
Sur le clocher jauni,
Nous vîmes l'œil de l'église de la Lune

Ailleurs, Ladislas 1er de Hongrie, la citadelle
Au bastion doré,
A la place arborée.
Sanda me racontait et je marchais près d'elle.

Nous croisâmes un monument aux soldats français.
Pétrifié linceul,
Morne et seul.
Ni elle ni moi ne savons ce que c'est.

Parc du 1er Décembre, Maison de la Culture,
Mon âme roumaine
Sanda qui ramène
Dans ma vie toujours la bonne aventure.

Valachie, Maramures, vieille Moldavie,
Oradea, Oradea,
Dragostea mea,
Sanda ma nuit, Sanda mon jour, Sanda ma vie.

Je suis à ma table à écrire je ne sais quoi
Ce qui me vient, ce qui me chante, ce qui me brise
Ce que je crois et crains dans l'existence grise
J'ai plus d'une flèche dans mon carquois
Et plus d'une croix qui s'éternisent

Sanda fait tout à côté si peu de bruit
Qu'on croirait que ma plume la dérange
Si l'on n'entendait point passer les anges
Qui descendent parce qu'il fait nuit
Voir ce qu'est ce spectacle étrange

Aux craquement le papier paraît se plaindre
On dirait que l'encre lui arrache la peau
Au moindre i à point ou à chapeau
Il pleure d'un cri pareil au geindre
Le stylographe fait des larmes bien à propos

Ce sont là des mots à ne surtout pas lire
Qui en sont à combattre la rature
Qui luttent pour être quelle belle aventure
Le téléscope et la caravelle changés en lyre
Et les morts aînés quittant la sépulture

A quoi croit-elle que je songe en faisant cela
Peut-être à savoir si le ciel est bleu ou vert
Peut-être au néant à l'Homme à l'Univers
A ce qu'on pourrait nommer l'au-delà
Au monde à l'arrière-monde à l'endroit à l'envers

Au dieu qui existe au dieu qui n'existe pas
A ce que l'homme croit depuis que l'homme croit
La joie souffrante dans laquelle cela croît
Aux mots qui viennent quand vient le trépas
A ce qui ploie en soi sous le poids de la croix

Peut-être aux petits oiseaux peut-être aux petites fleurs
Peut-être à la rosée que l'aurore dorée dépose
Peut-être à l'aube d'un temps où écloront les roses
Me voilà peut-être encore à croire au bonheur
Qui viendrait au bout de la longueur des choses

Peut-être que oui peut-être que non
On est dans ses pensées comme derrière un mur
On s'y perd soi-même parmi la ramure
Tout à coup les autres n'ont même plus de nom
Et l'impossible n'a même plus d'armure

Il y a le personnage et il y a la plume
Parfois ces deux-là ne forment plus qu'un
Et parfois on ne veut plus en être aucun
Il y a dans l'écrire une forme d'enclume
Qu'on porte plus lourde que mille bouquins

Il y a dans l'encre un très étrange sang
Qu'on perd car c'est cela que d'être
Que d'en se taisant mille ans se connaître

Parce qu'il serait absent que de vivre sans
On suit cette existence à la lettre

Il y a dans l'écrire un si cruel cri
Qu'on prononce et écoute à la fois
C'est le croyant incrédule de sa propre foi
Qui pense à vif l'évangile qu'il écrit
Et vit le calvaire qu'il découvre parfois

Je m'égare car là n'est pas le sujet
Ce n'est pas de dire comment la rime vient
C'est de dire à qui j'aime combien
J'en reviens à cela mes contre-rejets
Et rejets n'y peuvent d'ailleurs rien

A ma table à gratter l'écorce de mon âme
Pour le rire ou le drame silencieux rituel
Je songe semble-t-il à une sorte d'éternel
Près du cœur et des yeux de la femme
Qui ignore que je ne pense qu'à elle

Une innocence

Le ciel était plein d'oiseaux empêchés
Dont l'aile se confondait aux nuages
Une brume froide habillait l'évêché
L'hiver était encore de passage

Nous marchions au bord d'une rivière
Couturant deux bouts de la ville
Je me rappelle bien cela ; c'était hier
C'est un souvenir qui sert d'asile

Nous nous serrâmes près d'un bosquet
Cachés un petit peu, à l'écart,
Mais il était temps ; la montre toquait
Nous avions jusqu'à moins le quart

Ainsi, notre rendez-vous prit fin
Je dus partir, c'était comme la nuit
Mais je garde la soif et la faim
De notre baiser sous la pluie

L'art de ne pas être père

Tu courais comme un cerf-volant sur la plage
Petit enfant au rire d'alouette
Ta main dans ma main c'est la conquête
A trois ans tu abordais tous les rivages

Petit, je n'oublie pas, malgré mon âge
Tu grandis et je vieillis avant l'heure
Voilà ce que c'est de connaître le bonheur
De te voir mettre des rides à mon visage

Je n'oublie pas ces merveilleux enfantillages
Quand tu voulais tes jeux sans fin
Je n'oublie pas sur le sable fin
Le premier mot que je t'appris : coquillage

Rien ne me sert de vivre
Que de te savoir à mon âme
J'ai lu bien des livres
En maudissant le drame
Où tu n'étais pas ma femme

Cette existence vaut pour cela
Même l'infini ne l'ignore pas
L'infini et même au-delà
Il n'y a de rime au trépas
Que d'y aller dans tes pas

Je crains que la tombe
Ne te ravisse à mes bras
Qu'importe celui qui tombe
Qu'importe qui quittera
L'aura linceul pour draps

L'après-monde ira sans nous
Mais nos cœurs seront unis
Et l'éternité mise à genoux
Sera de ceux qui sont punis
De ne pas nous avoir bénis

Si tu savais seulement ce que tu m'es
Plus que l'eau pure plus que l'air doux
Tu es mon ange venu encore je ne sais d'où
Et à ton prénom ne mets-je jamais mais

J'ignore où l'on lit de semblables choses
Ailleurs que dans un cœur retrouvé
Voici des mots pour encore te le prouver
Puisque le vers écrit est mon ardente prose

S'il faut le dire encore par le poème
Comme par la lyre les anciennes cours
Vois que tu peux lire que de partout accourent
Tous les mots à mourir pour écrire Je t'aime

Tu es le jour qui rend la vie brève
Quand les heures passent sans qu'on les voie
Et là-haut les étoiles dans leur convoi
Jurent que tu l'âme qui rend vrai le rêve

Qu'importe que les choses s'inversent et se renversent
Que le monde mette sa perte à l'ordre du jour
Qu'importe en fait que nous soyons sous l'averse
Il te faut savoir que je t'aime pour toujours

On peut bien si l'on veut nous refaire le déluge
Promettre le mal et la souffrance et l'enfer
Mon dieu vit dans tes yeux qui sont mon seul juge
Et parce que je t'aime nul ne peut rien y faire

Je ne dis pas cela pour qu'on croie que j'ignore
Le deuil et l'abandon le malheur et la faim
L'injustice pour l'esprit l'ennui et la mort
Mais je dis que je t'aimerai jusqu'à la fin

C'est un bruit qui est de n'en faire pas
De faire de la maison un caveau glacé
Je ne sais comment mais les jours ont passé
Je ne sais comment et je ne le veux pas

Oui la rime est pauvre elle revient à dire
Que vivre sans toi n'est vraiment pas vivre
Et j'ai combattu partout tous les livres
Qui croyaient mieux que moi le dire

J'ai l'âme par toi si propice aux pleurs
Si pleine de la peur qui se précipite
Que je crains toujours que tu me quittes
Quand tu ne sors que cueillir des fleurs

Par toi je n'ai qu'une seule adresse
Tes exils font de moi un vagabond
Est-ce une minute ou un jour ce dont
Je meurs est que tu disparaisses

Ecrire cela revient à des larmes
Elles ne sont pas toujours ce que l'on croit
Elles ne sont pas toujours à l'endroit
Où l'on s'emploie à déposer les armes

Ma terreur comment te dire tout cela
Autrement que par cette voix sans bruit
C'est que chaque jour et chaque nuit
Ton absence est comme un au-delà

A cela jamais mon cœur ne déroge
Il bat rouge au rythme qui me ronge
Sans toi le rien du réel s'allonge
Sans toi mon cœur fait un morne bruit d'horloge

Il faut se rappeler cela c'était l'automne
Les journées grises n'avaient rien à montrer
C'est là pourtant que je t'ai rencontrée
C'est là encore ce qui vraiment m'étonne

On a parfois à l'exact ce que l'on désire
La vie se fait esclave de nos belles pensées
Le cœur le cœur se voit récompensé
Et au malheur ne reste que le gésir

Qui l'aurait pu croire ton visage soudain
Qui l'aurait pu prédire personne pas moi
Qui devant toute chose toujours atermoie
Mais je t'aimais déjà mais je t'aimais enfin

Je ne voulais plus que tes yeux tes mots ton accent
Qui fait croire que tout devient chant
Qui fait croire au soleil couchant
Que ton pays sur le monde descend

Je me rappelle ce n'était qu'un murmure
Des mots de songe on aurait dit
Que ne pas écouter était interdit
Je me rappelle ces mots qui m'émurent

Tes yeux disaient ma vie et ma mort
D'être à toi au tombeau partagé
Ils disaient l'amour dans tout saccagé
Et offraient le pardon qu'implore le remords

Je serai celui qui t'aime en silence
Et aux paroles d'amour
L'exilé, le banni, le lointain, la longue absence
Mais là nuit et jour

Partout ton ombre sera mon ombre
Et toi mon soleil
Et oublié dans un vaste gouffre sombre
Je t'aimerai pareil

Et perdu, seul, abandonné, qu'importe
Je ne te quitte pas
Proscrit, je reste comme devant ta porte
Et attends tes pas

On peut m'envoyer aux galères, au bagne.
Sous notre toit
Tu sauras pourtant que je t'accompagne
Et suis avec toi

Ecrit en revenant du musée-village

Le chemin ressemblait à ces sentiers oubliés
Des fruits étaient vendus par des dames à fichu
On entrait là comme dans un palais déchu
On entrait là comme une ombre de palier
Comme gênés du bruit que faisaient nos souliers

Les maisons paysannes dormaient sous leur bonnet
De chaume dans des berceaux de bois
Parmi pivoines fraxinelles nivéoles poussaient les jolibois
On croyait entendre le veau vagissant qui naît
On croyait entendre au loin l'église qui sonnait

Les maisons magyars aux murs tout blancs
Tranchent la lumière et sertissent le paysage
On dirait des joyaux posés sur la main des âges
Et leurs fenêtres bleues comme des regards troublants
Scrutaient notre anxieux présent en l'accablant

Il y avait dans les jardins des rimes pastorales
Cela parlait de plantes en vieux roumain
Ces lignes étaient aussi belles que celles de nos mains
Sanda traduisait j'écoutais ces paroles florales
L'ancien monde racontait son antique morale

Il y avait encore des caves des granges et des soues
Des carts à maïs et des presse-huile à bélier
Dans toute l'Europe ce sont des souvenirs familiers
Les peuples retrouvent là ce qui s'est dissous
Quand on s'épuisait les rêves à glaner quelques sous

Et voyez les enfants posant pour les photographies
Ils sont d'avant le drame d'avant l'Extermination
Ils sont d'un monde dont nous avons perdu la notion
Les trains éradicateurs raturèrent sa cartographie
C'était le monde d'avant que le monde se défît

L'obturateur les a emprisonnés entre deux affrontements
Dans le quartier hébreu de Sighet à la boucherie casher
C'est une petite tradition qui s'est payée bien cher
Regardez ces enfants comme ils vivent effrontement
Regardez leur avenir impunément leur ment

Nous quittâmes bientôt cela les heures passent
Hors de la salle d'étude juive des chambres hongroises
Le ciel au-dessus de nous se faisait ardoise
Il tonnait tant qu'on craignait qu'il se casse
Les ours des monts grognaient dans leur carcasse

La forêt non loin semblait juger notre soleil
Et notre air lourd en nous promettant l'ondée
Des coups de foudre venaient nos cœurs seconder
Nous rentrâmes du musée-village de Sighetu-Marmatiei
Je t'aime Sanda ma vie mon chant ma merveille

Le voyage de noces

Il est là-bas, dans une campagne,
Un paysage fait pour toi et moi.
C'est un peu à la montagne.
Il y neige certains mois.

Sous le vent, les herbes ondulant,
Fraîches et langoureuses,
Font songer à un tapis volant,
A une parade amoureuse.

On y voit les vaux et les faîtes,
Les grands troupeaux gambadent.
Les veaux ont le cœur en fête.
La nature sert son aubade.

Le soir, il fait froid. Viens
Te serrer. Sois mon écho
Par notre alliance. Et moi le tien.
Regardons le dernier coquelicot.

Je n'ai pas d'autre monde que ce monde
Auquel toi seule donne un sens
Je ne crois plus guère en l'innocence
Mais je crois en la Terre donde
Puisque tes yeux m'en sont l'évidence

Tes yeux qui sont comme l'autel
Où l'on peut croire à la révélation
J'appris par eux toute ma passion
Et que les choses ne sont plus telles
Qu'aux heures lasses des capitulations

Je n'ai pas d'autre voie que ta voix
Comme la flûte mène sur le chemin
Aujourd'hui avec toi veut dire demain
Et la seule lutte qu'encore j'entrevoie
Et celle pour ne pas perdre ta main

Puisque ma vie désormais te ressemble
Et que sans toi mes pas s'égarent
Je n'ai plus l'air d'un passant hagard
Maintenant que nos deux vies vont ensemble
Tes beaux yeux sont mon regard

Pisica

Elle repose quelque part près de nous
Au pied d'un arbre, cercueil vivant.
Elle a souvent grimpé là, avant
Notre mistinguette, notre sauvage minou
Qui nous fait des mines de revenants

Elle vivait dehors, petit tigre gris,
Et dodelinait en rôdant comme un prédateur
Je la trouvai un jour qui humait les fleurs
On eût dû appeler Ferdinand ce mistigri
Ce matou matois farouchement fugueur

Ce que c'est d'aimer sans s'en apercevoir
Ces bohémiens, ces étranges êtres
Qui miaulent étonnamment sous nos fenêtres
Qu'on sauve du neiger et du pleuvoir
Et qui font nos peines par leur disparaître

Elle était de Roumanie. Un jour, nous partirons,
Gardant Bella et notre deuil dans notre cœur
Nous n'abandonnerons pas notre douleur
Loin de la tombe à l'ombre de notre miron.
Promeneur, si tu la vois, mets une fleur.

Aimer si c'est un mot usé
Ce n'est pas un mot creux
On peut y mettre pour s'amuser
Tout ce qu'on aime à deux
On peut en faire un joli musée

Où tous les mots sont des chants
Contant la bonne aventure
Les Tziganes aux airs touchants
Quand on suit leurs voitures
Nous mènent à travers champs

Un musée où l'on peut voir
Parmi les baisers et les rires
Bien des enchantements pleuvoir
Bien des maléfices périr
Bien des amants s'émouvoir

Dans le nôtre il y a ce dont
Sont emplis nos deux cœurs
Aimer aimer ce n'est qu'un don
Il y est des mots sans rancoeur
Et ceux pour dire pardon

Enfin il est dans ce grand mot
Ce musée vaste et vivant
La fin la fin de tous les maux
La vie prise à son levant
Et le moineau sur le rameau

Délivrance

Il arrive qu'au soir, étant bien las
Après une longue journée morne,
Je m'endorme. On pourrait sonner la corne
Que je ne serais pas davantage là.

Le mal et la douleur vivent en moi. Je souffre.
Et dormir un peu un peu me délivre.
Ces soirs, je préfère cela même aux livres.
Je préfère disparaître dans ce gouffre.

Mon esprit sombre. Voilà, il tombe
Et ma tête en fait tout autant.
Je suis, vivant, comme au temps
Où je serai muet comme la tombe.

M'étant assis sur les bons gros coussins,
Je clos mes yeux content.
Dans mon crâne cesse le gros temps
Et se taisent la scie et l'essaim.

Je dors. Je suis comme une souche,
Le corps lourd, l'esprit léger,

Je suis à moi-même étranger
Et une forme d'infini me touche.

Je crois sans doute entendre la voix
D'un petit enfant qui chuchote.
Le chat ronronne et se roule en pelote.
Je ne sais si je rêve ou si je vois.

Le bruit maintenant n'est plus du bruit,
Il ne fait ni chaud ni froid.
J'ignore ce que je pense. Je suis la proie
De quelque chose ressemblant à la nuit.

Tout cela est bien bon. C'est comme
Tout à coup tomber vers le haut,
Planer comme le milan ou le moineau,
Etre un aigle tout en étant un homme.

Il vient un peu d'air du dehors,
Ou c'est l'hiver et la chaleur
Du logis calme ma douleur
Qui se repose aussi quand je dors.

Je sens parfois que quelqu'un me frôle.
Est-ce vrai ? Est-ce un songe ?
Est-ce le mal qui dit un mensonge
Et se moque en trouvant cela drôle ?

Il arrive qu'à peine me réveille
Sur mon front un baiser, une main.
Qu'il soit ou non déjà demain,
Ces lèvres sont mon seul soleil.

Et quand je sens Sanda, sa présence
Me berce. Elle brode. Je peux alors
Comme pour toujours mes yeux clore
Et dormir dans son calme et son silence.

C'est au matin clair et doux qu'on peut s'aller
Promener ensemble
Toute la rosée donne un petit goût salé
Au jour qui tremble

Le soleil déjà haut éclaire sur votre main
La coccinelle preste
Elle va à votre paume chercher un chemin
Vous lui dites : « Reste »

La promenade est gaie et tout s'enrobe
De clarté diffuse.
Dans tout l'air volette votre jolie robe,
Nos âmes confuses.

Irons-nous encore au lac, demoiselle ?
Voyez que dénoue
L'oiseau, sur sa haute branche, ses ailes
Sans ombre sur nous.

Sanda parfois est patiemment au miroir
Et je ne sais qui aimer d'elle ou de son image
Des lueurs un peu jalouses la dévisagent
Sanda au bain rend les naïades dérisoires

Elle passe dans ses cheveux un peigne
Comme le métier à tisser la soie
Je ne connais rien de plus doux qui soit
Et chaque jour le vent s'y baigne

Sanda, tes yeux, je ne sais où regarder
Leur vert est un azur d'espérance
C'est la Roumanie décorant la France
Et mon âme folle où elle s'est hasardée

Sanda, Amour, ma belle étrangère,
Aux yeux philtres, aux yeux liqueurs
Lorsqu'il te réfléchit – oh, mon cœur –,
Le miroir se dit toujours qu'il exagère

Parfois, je m'en vais marcher dans la campagne,
Entre les champs et parmi les chants
D'oiseaux. Tout seul. J'ai ce penchant.
J'ai visité de bien beaux bagnes.

Je regarde la nature, j'écoute ce qu'elle ne dit pas.
Je vais sans savoir où ; j'erre.
Ma propre vie m'est encore une étrangère.
Je pense à l'ailleurs. Je perds mes pas.

J'aime ce silence et les sentiers crépitants
Sous mes souliers. Ainsi je m'insinue
Quelques part entre ce monde et les nues.
Oh, Sanda, le sais-tu ? Je t'aime tant.

Je vais aux cimetières. Parmi les stèles,
Je songe à Dieu qui jette à la pénombre
De petits enfants passant comme des ombres.
Avec l'homme, son créateur est bien cruel.

Non, je n'aime pas la tristesse, mais le malheur
Comble ce monde de présents odieux.
Sous eux succombent vies et visages radieux.
Des bonheurs sombrent. Je rentre ; il est l'heure.

Je tais ces pensées toujours me chuchotant
Que la beauté côtoie l'immense gouffre.
Le cœur qui bat est un cœur qui souffre.
Oh, Sanda, le sais-tu ? Je t'aime tant.

Ecrit un 29 mars

Ma vie désormais se partage
En deux mondes concrets
Et jusqu'à la fin de mon âge
L'avant et l'après

Un ciel mêlé d'or et d'argent
Veillait un peu sur nous
Nous nous cachions parmi les gens
A ce premier rendez-vous

Chaque jour depuis je frémis
Cristal à sa brisure
De ce que cela a de promis
D'éternité et d'azur

Avant et après comme ombre et lumière
Ma vie par toi divisée
Et de ce soleil sous la paupière
Des songes dépaysés

Le temps pris à sa ligne de crête
Vers le versant doré

Le coquelicot chasse la pâquerette
Mon rouge adoré

Je ne sais au juste dire comment
La main comme feuille
Tremble pour écrire ce roman
Et ce recueil

Je vois ce profond mystère
Dans tes atolls
Il y a là un peu d'éther
Un peu d'alcool

L'horizon marin vert et bleu
Qui fait la voûte
Et le son d'aimer qui pleut
Et qu'on écoute

Sanda je sais tout cela depuis
Ma main dans tes cheveux
Et la pièce jetée au puits
J'ai fait un vœu

Pour toi seule mes vers d'infini
De leur encre sanguine de larmes
Pour toi seule ma chair démunie
Par ta chair qu'elle désarme
Je me réunis à tes charmes

Mes mots pour ton âme seulement
Par l'absolu du Je t'aime
Ma vie prise à ce tourment
Du murmure et du poème
Et pour toi seule encore moi-même

Mes mots comme un mariage
Mes mots comme ta main tenue
Mes mots jusqu'à plus d'âge
Et tu seras ma belle inconnue
Dans l'ombre nos deux ombres nues

C'est un chant sans cesse perpétué
Dont son prénom est le contrepoint
Je ne m'y suis jamais habitué
Et même si je voulais le tuer
Je sais que je ne le pourrais point

Il me fait le vertige et le froid
La douleur, le doute la nuit d'insomnie
Lorsqu'il s'éloigne parfois.
Je sens que cette absence fait de moi
L'oiseau ayant perdu son nid

Ce chant se divise en deux mélodies
L'une dit Sanda l'autre dit Je t'aime
Les autres lieds me sont interdits
Il me dicte donc ce que je dis
Il se dissimule dans mes poèmes

Dans mes rêves, c'est encore lui
La berceuse d'avant le réveil
Comme après la pluie le soleil
Dans la noire nuit l'étoile qui luit
Ma mémoire et ma merveille

Pour moi, ce chant est plus qu'être.
Il m'est vivre et demeurer
L'enfant l'œil à la fenêtre
Qui cherche à savoir si peut-être
Tout ceci ne lui est pas leurré.

Mes mots mis là forment l'écho
D'une ritournelle couleur lilas
De magnolias mêlés au pianola
Mélopée liée de coquelicots
Do ré mi fa mi sol si la

Non ce n'est pas une facilité
Pour chantonner mon cœur en liesse
Mon chant est et sera d'avoir été
Dans la gloire de sa beauté
Paroles et musique Sanda Ilies

Je suis le jouet de ce vaste opéra
Mais le jeu en vaut la chandelle
J'entends quand je suis près d'elle
Amour, Amour, Amour, etc.
Je répète ce battement d'aile.

Conclusion pour commencer

Aujourd'hui pour toujours commence
Que le cœur parle sans crainte
Les mots ne sont plus de plainte
Les mots sont de toute romance
Les mots sont de toute étreinte

C'est un temps se passant de pleurs
Où la joie se fait règne
La lèvre parfois saigne
Aux paroles de douleur
Et mieux vaut qu'elles s'éteignent

Mieux que l'ange descende
Soupirer qu'il est bien las
Et la belle prière que voilà
Mieux vaut qu'on l'entende
Diapason donnant le la

Ce n'est Dieu qui consent
Au vœu que nous formons
C'est que nous nous aimons
Je le jure par mon sang
Qui vaut tous les sermons

Avant toute chose..1

I – PREMIER EMPIRE..7

C'est depuis toi que ma vie change..........................9
Ta main dans ma main, mon cœur bat pour deux..........11
Les atolls d'émeraude..13
Mets ta main là où mon cœur bat............................15
Marchons un peu au bord de la rivière, veux-tu ?.........17
Il est toujours temps..19
Je préfère à toute chose..21

II – SECOND EMPIRE..23

La profession de foi..25
J'ai si longtemps guetté que tu apparaisses...................27
Il est bon de marcher, d'aller aux bois......................29
Toi qui toujours m'échappes et m'attends...................31
Paleu..33
Vienne..35
Sighet...37
Oradea, Oradea...39

Je suis à ma table à écrire je ne sais quoi..................43

Une innocence........................47

L'art de ne pas être père........................49

Rien ne me sert de vivre........................51

Si tu savais seulement ce que tu m'es........................53

Qu'importe que les choses........................55

C'est un bruit qui est de n'en faire pas........................57

Il faut se rappeler cela c'était l'automne........................59

Je serai celui qui t'aime en silence........................61

Ecrit en revenait du musée-village........................63

Le voyage de noces........................65

Je n'ai pas d'autre monde que ce monde........................67

Pisica........................69

Aimer si c'est un mot usé........................71

Délivrance........................73

C'est au matin clair et doux qu'on peut s'aller........................77

Sanda parfois est patiemment au miroir........................79

Parfois, je m'en vais marcher dans la campagne......81

Ecrit un 29 mars........................83

Pour toi seule mes vers d'infini........................85

C'est un chant sans cesse perpétué............................87
Conclusion pour commencer......................................89